S. E. MGR LE CARDINAL MORLOT

OUVRAGES DU MÊME AUTEUR

La paix et l'opinion, brochure politique, gr. in-8° (3ᵉ édit.) 1858.

L'institution des Petites-Sœurs-des-Pauvres, grand in-8°
(3ᵉ édition), 1860.

Les grands journaux de France, revue historique et biographique de la presse contemporaine (avec M. Jules Brisson), un
fort volume grand in-8°, 1861-1862.

L'Empereur et l'Impératrice en Auvergne, relation com-
plète du voyage de Leurs Majestés dans le centre de la France. Un
volume gr. in-8°, orné de gravures et de portraits lithographiés, 1862.

PARIS. — DE SOYE ET BOUCHET, IMPRIMEURS, 2, PLACE DU PANTHÉON.

SON ÉMINENCE MONSEIGNEUR LE CARDINAL MORLOT

SON ÉMINENCE

MONSEIGNEUR

LE CARDINAL MORLOT

ARCHEVÊQUE DE PARIS

NOTICE HISTORIQUE ET BIOGRAPHIQUE

PAR

FÉLIX RIBEYRE

RÉDACTEUR DU *CONSTITUTIONNEL*

PARIS

LIBRAIRIE FRANÇAISE

E. MAILLET, LIBRAIRE-ÉDITEUR

15, RUE TRONCHET, PRÈS LA MADELEINE

1863

SON ÉMINENCE

MGR

LE CARDINAL MORLOT

I

La mort vient de frapper Mgr le cardinal Morlot, le vénérable archevêque de Paris. C'est le troisième prélat qui, depuis 1848, est soudainement ravi au siége archiépiscopal de Paris, et cette perte douloureuse a profondément ému la population de la capitale et la France catholique toute entière. Depuis que la fatale nouvelle s'est répandue dans Paris, on se plaît à rappeler les vertus évangéliques et les éminentes qualités de l'esprit et du cœur qui distinguaient le digne prélat. On cite des traits touchants de sa bienfaisance, des preuves nombreuses de sa charité et de son abnégation. On répète des mots échappés du cœur du premier pasteur du diocèse. Son éloge est dans toutes les bouches et les regrets s'accroissent en proportion de l'étendue de la perte que viennent de faire les fidèles et le clergé de la capitale.

C'est donc répondre à un sentiment sincère et s'associer au deuil général que de raconter l'existence si bien remplie de ce prélat éminent dont tous les instants furent consacrés aux intérêts de la religion et aux œuvres saintes. Une vie aussi laborieuse et aussi édifiante est un noble exemple bien digne d'enseigner la pratique du bien, et de fortifier les généreuses aspirations de l'âme.

II

Son Eminence le Cardinal Morlot naquit à Langres (Haute-Marne) le 7 nivôse an IV de la République. (28 décembre 1795.) Les registres de l'état civil portent qu'il fut présenté devant Jean-Claude Manet, officier municipal élu pour constater les naissances,

mariages et décès, par son père Nicolas-François Morlot, pâtissier, assisté de Nicolas Grépin, jardinier, et
de Dame Anne Devillers. Il fut baptisé sous les noms
de François-Nicolas-Madeleine Morlot. On le voit, le
futur archevêque de Paris était issu d'une modeste fa-
mille; mais à défaut de l'éclat du nom et de la fortune,
ses parents lui léguèrent des sentiments chrétiens, la
noblesse du cœur, de l'intelligence et du mérite qui
sont de véritables trésors. Ils veillèrent avec sollicitude
sur son éducation, et le moment venu de s'occuper de
ses études classiques ils le firent entrer au petit sémi-
naire de Langres à l'époque où les élèves de cet établis-
sement qui n'était encore qu'à l'état de pension sui-
vaient les cours du collége. « Bien des personnages
d'élite, a-t-on remarqué, sortirent de cette jeunesse
studieuse qui affluait alors à Langres, de la Champagne
et des provinces voisines, et le nom du cardinal Morlot
figure aux premiers rangs parmi ceux de ses condisci-
ples que leur mérite a placés dans de hautes positions.

Ses études classiques achevées, cédant à une voca-
tion ardente, il entra au Grand-Séminaire de Dijon. Là
encore ses progrès dans l'enseignement théologique furent égalés par sa piété. Doué d'un jugement sûr, stu-
dieux et zélé, il se concilia l'affection de ses supérieurs

et termina ses études théologiques avant d'avoir atteint l'âge requis pour la prêtrise. C'est alors qu'il accepta les fonctions de précepteur chez M. de Saint-Seine, et montra cet esprit bienveillant, ce caractère affable et doux, dont il devait donner des preuves dans les plus hautes fonctions du clergé catholique.

A vingt-cinq ans, il reçut la prêtrise.

III

Nous passerons rapidement sur les années qui s'écoulèrent entre cette époque et la date à laquelle il fut nommé grand vicaire du diocèse de Dijon. L'étude et la piété se partagèrent l'existence du digne prêtre qui, attaché d'abord en qualité de vicaire à la cathédrale de Dijon, fut institué, peu d'années après, chanoine honoraire de cette même église. M. l'abbé Morlot remplissait depuis cinq ans les fonctions de grand vicaire du diocèse, lorsque la nomination de Mgr Rey à l'évêché de Dijon, après la révolution de juillet, provoqua un conflit entre l'autorité religieuse et l'autorité civile. M. l'abbé Morlot crut devoir s'éloigner, et, dans cette grave circonstance ne se laissa guider que par la voix de sa conscience et son attachement aux véritables intérêts de la religion. Il prit place parmi les chanoines capitulaires de Saint-Denis, mais ne tarda pas à être rappelé à Dijon, en qualité de grand vicaire, par le nouvel évêque, Mgr Rivet. Deux années après, en 1839, il était appelé lui-même à l'évêché d'Orléans, et sacré par Mgr Forbin-Janson, évêque de Nancy.

Dans ce poste important, Mgr Morlot déploya un zèle vraiment évangélique, et se révéla comme un administrateur habile et sage. Depuis l'époque agitée de 1793, les institutions religieuses avaient subi un ébranlement qui exigeait de la part des évêques de la catholcité une grande prudence unie à l'esprit de foi et de conciliation. L'évêque d'Orléans se montra à la hauteur de cette mission difficile. Les qualités qu'il montra le désignèrent pour le siége archiépiscopal de Tours, devenu vacant, et où il fut installé le 28 juin 1842.

Mgr Morlot avait alors quarante-six ans.

A Tours comme à Dijon et à Orléans, l'esprit bienveillant et conciliateur du prélat, autant que son mérite et sa charité pour les malheureux, lui valurent d'universelles sympathies. De plus, comme son séjour à la tête du diocèse de Tours se prolongea pendant près de quatorze ans, Mgr Morlot put entreprendre et mener à bonne fin des œuvres durables. Son nom est particulièrement attaché au rétablissement, dans ce diocèse, de la liturgie romaine, ainsi qu'à la création et à l'amélioration des séminaires. Simple dans ses manières et toujours attentif aux plaintes des indigents, il jouissait d'une grande popularité parmi les ouvriers, et son dévouement trouva, lors des inondations de la Loire, une occasion de manifester ce que peut la foi chrétienne inspirant une âme généreuse.

De nouveaux titres lui étaient réservés. Mgr Morlot créé cardinal dans le consistoire du 7 mars 1853 sous le titre des SS. Nérée et Achillée, reçut le chapeau des mains du Saint-Père le 27 juin et en cette qualité prit place au sénat conformément à l'art. 20 de la constitution.

IV

Le 14 janvier 1857, on célébrait à Rome dans l'église des douze apôtres un service funèbre pour Mgr Sibour, archevêque de Paris, tombé sous le fer d'un assassin. Parmi les dignitaires du clergé qui assistaient dans l'église des douze apôtres à cette cérémonie, on remarquait le cardinal Morlot, archevêque de Tours, qui ne se doutait pas qu'il allait être appelé à continuer sur le siége archiépiscopal de Paris l'œuvre de dévouement de Mgr Sibour.

Ce fut en effet le digne archevêque de Tours qui fut nommé à l'archevêché de Paris. Mais sa modestie s'effraya de la nouvelle dignité qui lui était offerte et il fallut les conseils du chef de l'Eglise pour déterminer Son Eminence à quitter son cher diocèse de Tours et à venir prendre possession du poste éminent auquel l'avait appelé le choix de l'Empereur. L'installation du cardinal archevêque eut lieu le 25 avril 1857. Dans ce poste élevé, Mgr Morlot se consacra avec une abnégation admirable à la mission délicate qui lui était confiée. Non content de veiller à l'administration de son vaste diocèse, il voulut encourager énergiquement toutes les œuvres de bienfaisance qui avaient pour but de moraliser le peuple et d'améliorer le sort des classes laborieuses. Sa bourse ne fut jamais fermée aux indigents et il se faisait une joie d'aller dans les églises des faubourgs pour prendre part aux réunions des Sociétés charitables, telles que l'*Association de Saint-François-Xavier* ou l'*OEuvre de Saint-Nicolas*. Cette dernière association qui s'occupe des jeunes apprentis a dû son développement au zèle du vénérable prélat. Elle possède aujourd'hui deux établissements l'un à Vaugirard, l'autre à Issy, dans lesquels on compte plus de 1500 enfants. Une autre œuvre bien touchante, la *Société d'éducation et de patronage pour les enfants sourds-muets et aveugles*, due à l'initiative d'un homme de cœur, le savant docteur Blanchet, nous a permis d'admirer bien souvent toute la chaleureuse sympathie du prélat pour ces pauvres victimes d'une cruelle infirmité, et sa voix émue plaidait la cause des enfants sourds-muets et aveugles avec l'éloquence d'une âme chrétienne.

V

Mais combien d'autres préoccupations agissaient encore sur l'esprit du vénérable archevêque chargé de diriger l'administration d'un vaste diocèse dans des circonstances souvent difficiles. Ce n'est ni l'heure, ni la place convenables pour aborder la question religieuse qui, dans ces derniers temps, a passionné les esprits ; mais ce qu'il est impossible de méconnaître, ce sont les services rendus à la cause catholique par l'illustre archevêque de Paris. Son esprit de modération, de sagesse et de charité évangélique n'ôtait rien à l'énergie de sa foi, et prêtait à sa parole une plus grande autorité et une force persuasive dont il ne se servait que pour les intérêts de l'église. C'était, si nous pouvons nous exprimer ainsi, un avocat pacifique de la cause religieuse, mais non moins convaincu, ni moins dévoué. Aussi Sa Sainteté Pie IX entourait Mgr le cardinal Morlot d'une estime particulière, et, tout récemment, dans une circonstance mémorable, le Saint-Père faisait au digne archevêque de Paris l'accueil le plus cordial et le plus flatteur.

De son côté, l'Empereur a donné à l'éminent cardinal des témoignages non équivoques d'estime. Lorsque Sa Majesté institua le conseil privé, elle s'empressa de placer parmi les membres de ce conseil l'Archevêque de Paris déjà grand aumônier de l'Empereur et primicier du chapitre impérial de Saint-Denis. Mgr Morlot, au milieu de ces brillantes faveurs et de ces hautes dignités ne perdait rien de son humilité chrétienne et savait rester fidèle aux plus austères devoirs de son caractère d'Archevêque. Il portait dans les salons officiels, aux Tuileries comme à l'Archevêché, dans les assemblés religieuses comme au sénat, la même gravité, douce et bienveillante, la même réserve modeste qui n'excluait ni le zèle ni l'initiative lorsqu'il s'agissait des intérêts religieux ou d'un appel en faveur des indigents. Plusieurs fois au Palais du Luxembourg il a pris la parole et non sans succès. Le 30 mars 1858, il prononçait un discours à l'occasion d'une pétition sur les congrégations religieuses. Le 29 mars 1860, il appuyait le renvoi au ministère des affaires étrangères des pétitions en faveur du pouvoir temporel des Papes. Enfin, il prit part à la discussion de l'adresse sur le paragraphe relatif à la question romaine. On se souvient encore de la chaleureuse circulaire que Mgr Morlot adressait le 24 juillet 1860 au clergé de son diocèse en faveur des chrétiens de Syrie. Sa foi et sa charité évangéliques lui inspirèrent des paroles vraiment éloquentes.

VI

Tel était le pieux Archevêque de Paris dont la santé

en apparence robuste ne faisait nullement pressentir le douloureux événement qui plonge dans le deuil la France catholique. Le 15 décembre, aucun symptôme ne trahissait une maladie prochaine et il avait été décidé que le 5 janvier Son Éminence présiderait à la translation des corps des anciens archevêques de Paris dans le caveau nouvellement restauré, situé comme on le sait au-dessous du chœur de l'église Notre-Dame.

Le 16, Mgr Morlot se sentit souffrant et aussitôt les médecins constatèrent la dernière période d'une maladie de cœur (hypertrophie) qui ne laissait que bien peu d'espoir. En effet, le mal augmenta rapidement. Les médecins ordinaires de Son Eminence MM. Cruveilhier et Vignolo s'empressèrent de s'adjoindre en consultation M. le docteur Rayer, doyen de la Faculté de médecine et M. le docteur Andral, professeur de la Faculté. La gravité de l'affection rendait impuissants les secours de la science. Les vicaires généraux s'empressèrent de réclamer pour le vénérable Prélat les prières du clergé et des fidèles du diocèse.

Une vive inquiétude se répandit dans tout Paris et les visiteurs affluèrent au Palais de l'Archevêché. Les plus hauts personnages vinrent inscrire leurs noms sur le registre et prendre connaissance des bulletins qui n'étaient guère de nature à combattre les alarmes. Voici quelques-uns de ces tristes messages :

27 décembre, 2 heures 20 minutes.

Son Eminence va s'affaiblissant de plus en plus ; toujours admirable de résignation, de foi et de confiance en Dieu.

28 décembre, 7 heures du matin.

Nuit moins mauvaise que la précédente, mais toujours sans sommeil et par suite agitée ; état de la maladie toujours grave, mais stationnaire.

10 heures.

Depuis le bulletin de sept heures, aggravation du mal ; les médecins qui viennent de se réunir sont très-inquiets.

9 heures du soir.

L'inquiétude des médecins augmente. On craint pour la nuit.

L'inquiétude n'était que trop fondée : le 29 au matin le bulletin était conçu en ces termes :

Son Eminence Mgr le cardinal archevêque de Paris a rendu son âme à Dieu ce matin, à six heures et demie.

G. VIGNOLO.

Revenons maintenant un peu en arrière pour rappeler les principaux détails qui ont marqué les derniers moments du vénérable prélat.

VII

Dès que Mgr Morlot se sentit atteint gravement, il demanda à recevoir les derniers sacrements qui lui furent administrés par M. l'abbé Buquet. Pendant cette émouvante cérémonie, un grand nombre d'ecclésiastiques priaient dans les salons voisins de la chambre de l'illustre malade.

Les douleurs étaient horribles et tous ceux qui ont approché le digne archevêque ne pouvaient s'empêcher d'admirer sa résignation et son courage.

Le samedi vers sept heures du soir, Sa Majesté l'Empereur, sans avoir fait annoncer sa visite et accompagné seulement de deux de ses chambellans, arriva à l'Archevêché pour voir le vénérable Archevêque qui se montra vivement touché de cette auguste attention.

Le même jour, le nonce du Saint-Siége était allé rendre visite au cardinal. « Avant de se retirer, raconte la *Gazette de France*, Mgr Chigi voulut baiser les mains du Prélat. Non, répondit avec humilité l'archevêque; c'est à moi de baiser vos mains et vos

pieds, puisque vous représentez le vicaire de Jésus-
Christ. »

Les visites se multipliaient à l'Archevêché. S. Exc.
M. Rouland, ministre de l'instruction publique et des
cultes, vint lui-même prendre des nouvelles du vénérable Archevêque. On se communiquait avec un douloureux empressement les tristes bulletins qui faisaient
pressentir un funeste dénouement.

Son Eminence ne se faisait pas illusion sur sa fin
prochaine. Elle attendait avec calme et courage l'heure
dernière. Nous avons dit que Mgr. Morlot était né le
28 décembre. La veille même de sa mort, il disait :
« L'anniversaire de ma naissance sera le jour de ma
délivrance. » Quelques heures plus tard, il avait cessé
de vivre. Une de ses dernières bénédictions avait été
pour son clergé et pour les fidèles de son diocèse et
il avait eu là douce satisfaction de recevoir lui-même
la bénédiction du Saint-Père.

Ainsi le diocèse de Paris était encore une fois veuf
de son premier pasteur et prenait le deuil en entou-
rant de ses plus profond regrets la perte de son vénéré
cardinal. La mort choisissait une illustre victime ; et —
rapprochement bien fait pour émouvoir ! — Mgr Morlot
allait être inhumé dans le caveau nouvellement res-

tauré où il devait lui-même et le même jour présider à la translation des corps des Archevêques de Paris. Un cercueil de plus, près de tant d'autres cercueils !

VIII

Mgr le Cardinal Morlot était le seizième prélat qui avait occupé le Siége archiépiscopal de Paris. Voici les noms de ses prédécesseurs : 1° Jean-François de Gondy ; 2° Jean-François-Paul de Gondy, Cardinal de de Retz ; 3° Pierre VI de Marca ; 4° Harduin de Péréfixe de Beaumont ; 5° François de Harlay de Champvallon ; 6° Louis-Antoine de Noailles ; 7° Charles-Gaspard-Guillaume de Vintimille ; 8° Jacob Gigault de Bellefonds ; 9° Christophe de Beaumont ; 10° Antoine-Eléonore-Léon Le Clerc de Juigné ; 11° Jean-Baptiste de Belloy, mort en 1808 (1) ; 12° Mgr le cardinal de Talleyrand Périgord, grand aumônier de France, mort en

---

(1) Les deux Évêques constitutionnels Jean-Baptiste Gobel et Jean-Baptiste Royer, ainsi que Jean X Siffrein Maury, qui ne put obtenir ses bulles, ne figurent pas dans la liste placée en tête du Rituel de Paris.

1823 ; 13° Mgr de Quélen, mort en 1837 ; 14° Mgr Affre, tombé victime de son dévoûment sur les barricades en 1848 ; 15° Mgr Sibour, assassiné dans l'église Saint-Étienne-du-Mont le 3 janvier 1857.

IX

Nous avons dit quelle douloureuse impression produisit dans tout Paris la nouvelle de la mort de l'éminent cardinal. Les divers organes de la presse, sans distinction d'opinions, s'empressèrent de s'associer aux regrets universels et de payer à la mémoire du vénéré prélat un légitime tribut d'éloges. Nous ne pourrions mieux faire que de reproduire ici quelques passages de cet hommage unanime et sympathique du journalisme français.

Le *Moniteur universel* s'exprimait ainsi à la date du 29 décembre :

S. Em. le cardinal Morlot, archevêque de Paris, membre du Conseil privé, grand aumônier de l'Empereur, primicier du chapitre impérial de Saint-Denis, est mort ce matin, à six heures, après quelques jours de cruelles souffrances supportées avec la plus touchante résignation. Le prélat, dont la vie a été un exemple de toutes les vertus, a édifié tous ceux qui l'ont approché à ses derniers moments. Les sympathies universelles qui l'ont entouré pendant sa courte et douloureuse maladie disent assez les regrets qui l'accompagnent dans la tombe et les services qu'il a rendus à l'Eglise et à l'Etat.

Le *Constitutionnel,* par la plume de son rédacteur en chef, M. Paulin Limayrac, retraçait en quelques lignes chaleureuses les éminentes qualités du prélat :

Les tristes prévisions de ces derniers jours se sont réalisées : Mgr l'archevêque de Paris est mort ce matin à six heures.

Cette mort sera un deuil public ; elle a profondément ému la population parisienne, et la France entière s'associera à cette douleur.

Sur ce siége archiépiscopal de Paris, si élevé dans le monde catholique, et qui a été rendu illustre par des prélats éloquents, par des saints et récemment par des martyrs, Mgr Morlot s'est montré digne de ces grandes traditions. Ses lumières et ses vertus ne seront pas la moindre part de ce glorieux héritage.

Tout le monde connaît les graves et nombreuses difficultés qui se sont présentées dans ces derniers temps au chef du premier diocèse de France. Tout le monde sait aussi avec quel esprit de modération, de sagesse et de charité évangélique le cardinal Morlot a su applanir ces difficultés et faire régner la conciliation et la paix là où la division et le trouble pouvaient s'introduire si facilement.

Aucune passion, autre que celle du bien et du devoir, n'avait accès dans cette âme si profondément chrétienne. *Je ne puis haïr,* disait, un jour, le cardinal Morlot en écartant avec une douceur invincible des suggestions qui osaient se produire devant lui.

Ce mot le peint tout entier.

PAULIN LIMAYRAC.

Le *Pays* rappelait les principales phases de cette pieuse existence et ajoutait :

Aux qualités du prêtre catholique, Mgr Morlot savait allier la politesse la plus bienveillante, les manières les plus distinguées. Il était doué d'une élégance naturelle, que ses rapports avec le grand monde avaient encore développée, mais qui n'ôtait rien à la simplicité de sa parole et laissait voir toute la bonté de son cœur.

La population de Paris a été douloureusement surprise, et tous ceux qui ont eu le bonheur de se trouver en rapport avec le pieux archevêque ont subi cette séparation inattendue comme une pénible épreuve.

A. LOMON.

L'*Union* annonçait en ces termes émus la fatale nouvelle :

Le diocèse de Paris est en deuil.

Ce matin, à six heures, Son Eminence le cardinal Morlot a rendu son âme à Dieu. Les efforts de la science, les soins de l'amitié et de la vénération, les prières du clergé et des fidèles n'ont pu conjurer le coup mortel.

L'Eglise de France et le Sacré-Collége font une grande perte. Mgr Morlot était un prélat d'une piété profonde et d'une rare vertu ; sa sagesse, son calme, sa modération étaient remarquables ; il était animé d'un vif amour pour l'Eglise, d'un sentiment inébranlable du devoir, d'une filiale affection pour le Saint-Siége.

La bénédiction de l'auguste Pie IX est venue consoler ses derniers moments, et augmenter encore la résignation admirable, le courage singulier et la foi ardente avec lesquelles il a soutenu sa longue et douloureuse agonie.

Le dernier acte public de son épiscopat a été la lettre pleine de respect et de tendresse pour le Saint-Siége que le cardinal adressait aux fidèles pour les exhorter à concourir, par leurs offrandes, au « Denier de Saint Pierre. »

La douleur de son clergé, de ses vénérables collègues, de tout son diocèse est le plus bel éloge qui puisse retentir sur sa tombe.

Puisse la Providence ménager à ce siége illustre, aujourd'hui vacant et si difficile à remplir, un prélat qui remplace dignement celui que pleure l'Eglise de Paris!

MAC-SHEEHY.

Le *Monde* s'exprimait ainsi :

Le triste événement que tous les fidèles de l'archidiocèse de Paris redoutaient est arrivé : Son Em. le cardinal Morlot, archevêque de Paris, est mort ce matin, à six heures et demie, dans les plus admirables sentiments de résignation, de piété et de foi. Ce n'est pas le moment de dire tout ce que Mgr Morlot a fait pendant son épiscopat : d'abord évêque d'Orléans, puis archevêque de Tours, enfin archevêque de Paris, dans un temps et au milieu de circonstances bien difficiles, il s'est toujours montré plein d'attachement au Saint Siége, plein de zèle pour toutes les bonnes œuvres, et d'une fidélité exemplaire à remplir les devoirs de sa redoutable charge. Il avait eu la gloire et le bonheur de rétablir la liturgie romaine dans le diocèse de Tours ; attaché du fond du cœur au centre de l'unité, il désirait introduire dans son nouveau diocèse cette unité de prières, qui est l'image et la sauvegarde de l'unité de la foi : cette consolation lui a manqué. Aujourd'hui, il ne nous reste plus qu'à prier pour le pasteur que nous venons de perdre, et qu'à demander à Dieu de nous en envoyer un autre aussi pieux, aussi dévoué, et résolu à donner sa vie pour l'Eglise qu'attendent encore tant de dangers et tant d'épreuves.

L'*Echo de la Presse* s'attache plus particulièrement à mettre en relief l'esprit de charité qui animait le cardinal-archevêque de Paris. Ce journal cite à ce sujet une touchante anecdote qui ne remonte qu'à quelques années.

Un jour, Pierre, le valet de chambre de confiance, dit au prélat qu'un pauvre honteux manquait de linge et sollicite un prélèvement sur la cassette des aumônes pour subvenir aux besoins de son protégé.

Le prélat acquiesce à la demande de l'homme de confiance qu'il chargeait souvent de la distribution de ses aumônes ; et, le soir venu, Mgr Morlot trouve six chemises neuves sur sa table de nuit.

— Qu'est ceci ? dit il à Pierre.

— Le pauvre honteux, c'était vous, Monseigneur, dit en grondant un peu le fidèle domestique. Il est pénible pour moi d'avoir à user de stratagème pour vous vêtir convenablement, Monseigneur.

A. JEUNESSE.

Enfin, le journal la *Nation*, dans son premier numéro, consacre à la mémoire du cardinal Morlot une étude délicate que nous voudrions pouvoir reproduire en entier. Voici un passage de cette appréciation :

La religion perd dans Mgr Morlot un ministre dont le nom sera associé dans l'histoire à celui des Cheverus et des Fénélon. Il la fesait aimer par ses propres vertus, par sa charité sans bornes, par l'esprit évangélique dont il avait au plus haut degré le don d'animer toutes les âmes autour de lui. Si les positions illustres qu'il occupait l'obligeaient de faire une part de sa vie aux exigences mondaines, il savait les concilier avec celles des plus austères devoirs de l'épiscopat.

Discret dans son zèle, au milieu des affaires politiques auxquelles il se trouva mêlé, il s'attacha toujours à faire le bien avec autant de modestie et avec aussi peu de bruit que d'autres mettaient d'ostentation et d'éclat à mal faire. Il était bienveillant, humain, généreux ; il avait dans toutes ses manières et dans toutes ses relations la simplicité de la vraie grandeur. Nul n'aura laissé parmi le peuple de Paris une mémoire plus respectée.

S. DE WERBROUCK.

Nous pourrions citer encore des articles sincèrement élogieux publiés par la *France*, le *Journal des Villes et des Campagnes*, et un grand nombre d'autres feuilles. Mais nous sommes retenus par les bornes restreintes de ce travail. Du reste, si notre plume a fidèlement traduit nos pensées et nos impressions, le lecteur est maintenant complétement initié aux principaux détails de la carrière du digne prélat dont la perte excite en ce moment les regrets de tous les cœurs catholiques.

La mort comme la vie du vénérable cardinal a été admirable de résignation, de douceur évangélique et de sollicitude pour les intérêts de l'Eglise et le bonheur de la France. De tels exemples de foi sincère, de dévouement et de charité ne sont pas perdus pour le peuple. Ils portent avec eux leur semence féconde. Ils font aimer la religion qui inspire de si sublimes sentiments et de si nobles vertus.

X

Aussitôt après la mort de l'archevêque de Paris, le chapitre s'est réuni pour l'élection des vicaires capitulaires chargés d'administrer le diocèse pendant la vacance. Le choix du chapitre s'est porté sur MM. Buquet, Surat et Véron, vicaires généraux de Son Eminence.

Le lendemain, le corps du vénérable cardinal préalablement embaumé et revêtu des ornements sacerdotaux, a été exposé dans le grand salon de l'archevêché transformé en chapelle ardente et exposé à partir de vendredi, à la vénération des fidèles. Des autels disposés des deux côtés du catafalque permettent de célébrer des messes dans la chapelle ardente.

Une foule recueillie s'empresse d'aller contempler une fois encore les traits du vénérable prélat. Sa figure n'a rien conservé de l'empreinte des souffrances si visibles pendant les derniers jours de sa maladie et respire une admirable sérénité.

La cérémonie funèbre aura lieu jeudi 8 janvier avec la pompe solennelle et les honneurs civils et militaires auxquels ont droit les cardinaux. On sait que, outre ses nombreuses dignités, Mgr Morlot était grand-croix de la Légion-d'Honneur. Les troupes feront la haie sur le passage du cortége et des députations des grands corps de l'État accompagneront les restes mortels du cardinal archevêque, membre du Conseil privé, grand aumônier de l'Empereur et primicier du chapitre impérial de Saint-Denis. Tous les cardinaux français voudront assister à la cérémonie funèbre. La translation, dans le caveau nouvellement restauré, des corps des archevêques aura lieu le 9 janvier. L'Association des Artistes musiciens de France exécutera, pendant le service, le *Requiem* de Mozart.

Un des Evêques suffragants prononcera l'oraison funèbre du Prélat dont la mémoire sera à jamais vénérée dans le diocèse de Paris et dans l'église catholique de France.